l'Amie de court

INVENTEE PAR LE SEIGNEVR DE BOR-DERIE.

Onles uend en la grand salle du Palais, en la bouticque de Gilles Corrozet libraire.

Auec Priuilege, pour deux ans.

1542.

Il est permis à Gilles Corrozet libraire de uendre ce petit traicté : Et deffenses à tous aultres libraires & impri-
meurs, ne le uendre iusques à deux ans,
sur peine de confiscation desdictz liures
& d'amende arbitraire, comme plus à
plain est contenu en son priuilege. Faict
le ix. iour de Mars. M.D.XLI. Ainsi
signé.   I. I. De Mesmes.

L'AMIE DE COVRT.

 IE m'esbais de tant de folz es-
    pritz
Se complaignãt d'Amour estre
   surpris,
De tant de uoix piteuses & dolentes
Qui plaincte font des peines uiolentes
Qu'ung dieu d'aymer (comme ilz disent)
   leur cause:
Ie ne sçaurois bien entendre la cause
De ceste peine, encores moins sçauoir
Quel est en eulx de ce dieu le pouoir:
Quel est son arc qui faict si grandes bre-
   ches,
Ny de quel bois peuuent estre ses fleches.
Ie ne l'ay point ny pour archer cogneu,
Ny pour enfant qui soit aueugle ou nud

a ij

Et de sentir ne fuz oncques subiecte
S'il brusle en flamme ou s'il blesse en sa-
    gette,
Ie croy le tout n'estre que poesie,
Ou pour mieulx dire humaine frenaisie,
Qui la nature enchante soubz couleur
De deité de friuole ualeur.
Or donc ce mal qu'on treuue tant amer
Le nomme dieu qui le uouldra nommer.
I'appelleray telle diuinité
Plustost folie ou infelicité,
Pour tous ceulx la qui s'en laissent saisir,
Et pour moy seule aggreable plaisir:
Qui scay tresbien comme il la fault con-
    duire
Et son tourment en liesse reduire.
Et pren le cas qu'il le faille dieu croire:
I'estime la mon trophée & ma gloire

De pouoir uaincre estant femme mor-
telle
Par artifice une deité telle.
S'il est uolant, ie scay le filé tendre
Pour tel oyseau attraper & surprendre.
Et s'il a l'oeil bendé ie le desbende,
Et luy faitz uoir parmy toute sa bende
Que ie suis seule exempte de ses armes
Que ie ne crains ses assaulx ny alar-
mes.
Ou s'il se ioue ung peu trop rudement
Comme ung garson priué d'entendement,
Ma uertu peult à l'heure commander
Ie le chastie, & luy fais amander
Enuers moy seule une faulte infinie
Qu'il a commis en mainte compaignie.
Il ne peult tant desguiser sa nature
Pour m'assaillir, que ie n'aye ouuerture

a iÿ

De promptement ailleurs le diuertir,
Dont ie ueulx bien dames uous aduertir
Que si uoulez ensuyure ma doctrine
Vous trouuerez utile medecine
A ce grief mal qui uoz pensees poingt,
Assez de ioye & de tristesse point :
Dont uoz clameurs, uoz regretz, &
    complainctes
Seront ainsi que les miennes estainctes.
Escoutez donc, ie uous reciteray
Ce que i'ay faict, que ie fais, & feray,
Et si trouuez louable mon histoire
Au ciel en soit & non à moy la gloire.

    Ie commencois des ma ieunesse tendre
Au foible esprit ia preueoir & entendre
Que l'honneur grand & digne authorité
Estoient en terre une felicité :
Et que des grands estre fauorisée

Est une chose en ce monde prisée.
Ie conceuois dedans ma petitesse
Que pour attaindre à si grande haultesse
Beaucoup la grace & la beaulté fai-
    soient,
D'autãt que plus qu'aultre chose plaisoiẽt
De quoy i'estoys suffisamment douée
Par la nature, & desia mieulx louée
Des yeulx d'aultruy, que le foible merite
Ne s'estendoit de ma forme petite.
Dieu scait aussi si lors prompte i'estoys
Croire le loz que de moy i'escoutoys:
L'on n'en pouoit tant dire que mon aage
Ne cuidast bien en auoir d'auantaige.
Ie mectoys peine à porter proprement
Mes blondz cheueulx & mon accoustre-
    ment,
A posement conduire mes yeulx uerdz

Pleins de doulceur, ny peu ny trop ou-
    uers.
A augmenter une grace asseurée,
Vne parolle humaine & mesurée,
En diuisant auecques mes semblables
Adolescens honnestes & aymables.
Vray est que lors ie n'auois point d'enuie
D'estre priée, & moins d'estre seruie.
Ie ne scauois si priere & seruice
(Comme ie scay) estoient uertu ou uice.
Mais ma beaulté qui creut en tresgrand
    pris
En peu de temps me l'eut assez apris.
Sur les quinze ans le corps plaisant à
    ueoir
Fut consummé, & l'esprit de scauoir.
Tant que deuint ma grand perfection
Le seul obiect de mainte affection.

Gaignant les cueurs d'une grand multi-
tude
De seruiteurs qui mettent leur estude
Chascun pour soy d'auoir ma bonne
grace.
Ie retiens tout, & personne ne chasse,
Fondant ma gloire & louange estimée
Sans aymer nul, estre de tous aymée,
Qui est le point de mon enseignement.
Oyez amans icy soigneusement
Si ma santé cognoist la maladie
De uostre fiebure ardante & estourdie.
Si i'ay en moy de uous experience
D'une fureur pleine d'impatience,
Qui uous agite & faict en froid yuer
Aspre chaleur en uoz cueurs arriuer:
Ie me ressoulz armer le mien de sorte
Que pour le prendre une puissance forte

Foible sera, car mon cueur de soy mai-
stre
Cognoist l'Amour sans le uouloir co-
gnoistre,
Il scait comment le gracieux tyrant
En son fainct rire est tousiours martirât,
Comme cachez soubz sa grande beaulté
Son faulx semblant & doulce cruaulté:
Comme il usurpe en tous corps qu'il
tourmente
Le grand repos dont l'esprit se contente,
Que ie ne ueulx perdre pour tout le
monde:
Car qui croira la lyesse profunde
Dont le mien sent heureux contentement
Impossible est la dire entierement.
En quel plaisir cuidez uous que se baigne
La liberté de ma uie compaigne,

De se ueoir seule entre cent coustumiere
De Cupido n'estre point prisonniere?
Et si l'on ueult appertement entendre
Ce que ie faiz pour garder de me pren-
  dre,
Et comment peult tousiours uiure mon
  cueur
De moy, de soy, & de l'amour uainqueur.
Ie l'ay logé en si forte maison,
Ie l'ay muny de telle garnison,
Que l'ennemy ne luy peult faire offense:
En une tour d'inuincible deffense
Fermeté dicte, est mon cueur resident,
Duquel honneur est chef & president,
Accompaigné de Crainte & d'Innocéce,
Pour resister contre Concupiscence,
Laquelle s'est auec Amour rengée:
Et ont mon cueur & sa place assiegée,

b ij

En luy faisant infinité d'allarmes,
De feux legiers tresdangereuses armes,
De traictz poignans, de flesches & de
    dardz,
Dont sont muniz Amour & ses souldars.
Mais moy qui suis armée de constance
Fay aisément à leurs coups resistance,
Voulant plustost mourir en ce destour
Que laisser prendre une si forte tour,
Dedans laquelle entrez sont Chastete,
Foy, Temperance, & pure Honnesteté,
Auec leurs gens, equippez de tel sorte
Que ioincte à eulx ie ne suis que trop
    forte,
Pour soustenir non ung siege de Troye:
Mais cent mil ans sans estre à l'Amour
    proye.
Raison aussi mer la telle police

Que l'ennemy ny toute ſa malice
Forcer ne peult le guet qu'elle a aſsis:
Au boulleuart appellé Sens raſsis.
Ou ſont Prudence, Entẽdemẽt, Memoire,
Soing, Eſprit, eſquelz tout eſt notoire,
Et de ſcauoir leur eſt touſiours permis,
Ce qui ſe faict au camp des ennemys:
Deſquelz Amour ſouuerain conducteur
Par faulx ſemblant ce traiſtre ſeducteur
M'a pluſieurs fois faict dire & remon-
ſtrer
Que ſi uoulois luy permettre d'entrer,
Il me rendroit heureuſe & fortunée,
La plus qui ſoit en ce monde icy née:
Mais il a beau à moy parlamenter.
Plus il me prie ou ſe ueult lamenter,
Moins l'eſcoutant i'ay pouoir de l'ouyr,
Ou ſi ie l'oy ie le fais toſt fuyr,

Ne uoulant point de compoſuion,
Dignede honte & de punition.
N'eſpere aulcũ iamais ma place prendre
De dieu la tiens, à dieu ſeul la ueulx ren-
dre.
I'ay promis foy à ſon celeſte empire
Ne le chãger pour meilleur ne pour pire.
Pour ung meilleur ne puis ie nullement:
De m'abaiſſer ſeroit faict follement.
Oultre fruſtrer ſon ſeigneur de l'hõmaige
Il en aduient uitupere & dommaige.
Telle reſponſe on m'entend reſumer,
Toutes les foys qu'Amour me faict ſom-
mer.
Et ſi bien toſt ſon trompette ne part,
Ie le fay bien uuyder loing du rampart,
Dont Amour creue, & de deſpit enraige.
Et ſans Eſpoir qui luy donne couraige

Maintesfois eut le siege habandonné
Tant mes refuz le rendent estonné:
Auecques ce que Tourment & Soucy
Luy conseilloient le debuoir faire ainsi.
Mais doulx Espoir pour tarder sa re-
traicte
Luy dit , Attendz que Volupté te traicte
Elle uiendra apres plusieurs ennuys
Te presenter maintes heureuses nuictz.
Suy seulement ta premiere entreprise:
Car si ta dame en son fort est surprise
La saisissant tu te pourrois saisir
De Volupté,de Ioye,& de Plaisir.
Oultre le temps qui plusieurs folz abuse
Luy,donne tout & riens ne luy refuse.
Il luy promet rendre aisé l'impossible
Le faulx certain, immortel le passible,
Et qu'il ne fault pour tous biens auerer

Qu'ung iour heureux qui scait perseue-
  rer,
Voila pourquoy iamais on ne desiste
De m'assaillir quand plus fort ie resiste,
I'ay toutesfois si seure intelligence
Des ennemys & de leur diligence,
Que puis le temps de ceste guerre ex-
  perte
I'ay tiray d'eulx plus de gaing que de
  perte.
Si tost qu'ilz font deliberation
Ie le scay par Dissimulation,
Femme de sens & de gentil scauoir,
En temps & lieu il la faict bon auoir,
Iacoit qu'aulcūs la blasment grandement,
En l'appellant fraulde d'entendement:
Si fault il croire aux apparens indices
Qu'elle nous a faict tant de benefices

Que plusieurs sont, furent, seront par elle
Gardez de honte & de mort corpo-
    relle.
La blasme donc qui la uouldra blasmer,
Ie ne scaurois me garder de l'aymer.
C'est celle la de qui plus ie me sers,
Dont plus suis libre, & plus gaigne de
    serfz.
Elle me sert en tous cas necessaires,
Tantost d'espie enuers mes aduersaires,
Ou elle scait si bien se desguiser
Qu'on ne la peult sentir ny aduiser.
Tantost de caute & soigneuse seruante,
En la maison que ie suis obseruante,
Fortifiant deffenses & rampars
Pour soustenir l'assault de toutes pars.
Aulcunesfois elle uient à mes yeulx,
Ou d'ung regard mortel & gracieulx

Tire maintz coups, car c'est l'artillerie
De quoy ie faitz en tous cueurs batterie,
Souuent aussi elle sort par la bouche
Quant & la uoix, & uient à l'escar-
    mouche,
Ou si bien scait consentir & nyer
Qu'en combatãt emmeine ung prisonnier.
Il en est peu au monde de pareilles,
Elle ua ueoir la bresche des oreilles,
Par la plus foible, ou sont les plus grands
    doubtes,
Qui n'y mettroit de bien seures escoutes:
Ordonnant la que chascun debuoir face
Que par les trous l'õ ne preigne la place,
Craignant sur tous la diligence experte
D'ung de leurs gens, nommé Langue di-
    serte,
Qui plusieurs fois a uoulu entreprendre

Ceste aduenue assaillir & surprendre.
Bien preuoyant s'il entroit iusqu'au cueur
Estre de luy & du reste uainqueur.
Mais Bon aduis, Conseil, & Iugement,
Deffendent la tousiours si saigement,
Que moyennant ceste femme subtile
I'ennemy pris, sa fraulde est inutile.
Voila comment en bien menât ma guerre
Le mien ie garde, & l'aultruy scay con-
    querre.
Mais pour ne plus parler en parabolles
Et esclarcir l'obscur de mes parolles,
Depuis le temps (dames) que ie me hante
Ie me cognois, de moy ie me contente,
Ie me sens forte instruicte & biē aprisē
Pour prendre aultruy & n'estre iamais
    prisē:
Pour abreger ie ne puis rien aymer

e iŋ

Sinon moy toute encontre Amour armer.
Et si ueulx biē que chascun dé moy pense
Estre aymé mieulx qu'il n'a de recompēse
Et qu'il n'aura, car sa seule pensée
Sera la paye à luy recompensée.
Et la raison qui me donne l'enuie
En n'aymant point, aymer d'estre seruie,
C'est pour garder que par ung non
chailloir
Ne perde en moy tout ce qui peult ua-
loir,
Et que si i'ay du ciel quelque present
Il soit tout tel au futur qu'a present:
Car tout ainsi que la uigne fertille
En peu de temps deuiēt seiche & sterille
Quand elle n'est d'aulcun bois appuyée:
Et que de soy soymesmes ennuyée,
Se cognoissant inculte & mise en friche

Perd fleur & fruict, & toute beaulté
    riche:
Ainſi la dame à qui nul ne ſ'adreſſe,
Qui des amans aduiſez fuyt la preſſe
S'anonchallit, & tant ſe laiſſe aller
Qu'il ne luy chault de bien ou mal parler,
De decorer le corps ny l'eſperit,
Parquoy ſa grace en peu de temps perit.
S'il eſt donc uray que ceulx la qui me ſer-
    uent
En ma beaulté eulx meſmes me conſeruẽt,
Pour durer belle il m'eſt doncques permis
De recouurer infinité d'amys.
I'ay ſceu gaigner ung grand ſeigneur ou
    deux
Pour auoir tout ce dõt i'ay beſoïg d'eulx,
Accouſtremens, anneaulx, chaynes, do-
    rures,

c iiij

Nouueaulx habitz & nouuelles paru-
　　res:
Chascun des deux faueur me portera.
Dieu scait cōment mō cueur les traictera
Toutes les fois que l'ung i'entretiendray
Pour amy seul de bouche le tiendray,
Et non de cueur, car ie resoulz ce poinct
D'amys aymez iamais n'en auoir point.
Mais ie faindray selon mon asseurance
Doubter en luy une perseuerance:
Faisant semblant craindre qu'il me lairra
Ayant eu ce que iamais il n'aura,
Qui me sera une apparente excuse
Si le party qu'il pretend ie refuse.
Luy sur ce poinct qui demy mort sera
Par ses sermens iamais me laissera,
Nous mentirons tous deux à bien iurer,
Moy de l'aymer, luy de perseuerer:

Car ie ne suis si legiere & si folle
D'aymer & croire une fainte parolle,
Scachant la foy plus souuent est iurée,
Et moins elle a aux amans de durée.
I'en cognois trop qui leur foy trop souuēt
Le plaisir eu conuertissent en uent,
Qui m'est exemple & preuue assez pa-
tente
Que ie doibs estre en uolunté constante.
Et si quelqu'ung icy me ueult reprendre
Que ie ne puis honestement rien prendre,
Disant que femme en presens recepuant
Au sien donneur se donne ou bien se uend:
Ie luy respondz que telle loy fut faicte
Par quelque sotte amoureuse imparfaicte
Qui n'entendoit ou gist le fondement
Du uertueux & saige entendement.
Quant est à moy i'estime grand saigesse

Ne refuſer d'ung prince la largeſſe:
Et dis que ſi par liberalité
Le grand ſeigneur accroiſt authorité,
Qu'il ne la peult pour auoir loz & fame
Mieulx adreſſer qu'a une hõneſte femme,
Qui d'accepter ne luy faict moins d'hon-
neur
Que de donner luy a faict le donneur.
Si mes habitz & riches paremens
De ma beaulté honneſtes ornemens,
Pour honorer une court excellente
Sont apperceuz de richeſſe opulente
Eſtre trop plus que mon pouoir ne porte:
Doibt on penſer mon induſtrie morte
Si ie les ay ſans la perte des miens,
Sans faire tort à moy ny à mes miens?
Car ie ueulx bien que l'on ſcache ce point
Que le deſir d'eſtre ſi bien en poinct

Ne me ſcauroit ceſte loy ordonner
Qu'en prenant d'eulx ie leur doibue
    donner:
I'entẽdz du biẽ dont ie doibs eſtre auare,
Qui tant en moy eſt excellent ⁊ rare,
Que ſi donné ie l'auoye ou uendu,
Il ne me peult iamais eſtre rendu.
Seroys ie bien de raiſon tant deliure
Donner l'honneur q̃ ſeul me faiſt re-
    uiure

Apres ma mort, pour choſe ſi commune
Comme eſt le bien de fragille fortune?
Or ⁊ argent ⁊ pierres precieuſes
Sont icy bas choſes ſi copieuſes,
Que l'on en peult recouurer à foiſon:
Mais la uertu durant toute ſaiſon,
Eſt ung threſor d'autant plus eſtimable
Qu'en le perdant il n'eſt point recou-
                                    d

urable.

Or cessent donc de me calumnier
Les mesdisans, qui ne peuuent nyer
Que la uertu s'ilz la scauent comprendre
N'est offensée à donner ny à prendre.
L'honnesteté de ma uie nourrice
Scait que ie prens, non point par auarice,
Et qu'il soit uray moymesme en dōneroye
Des uestemens, & plus aise seroye
De cest honneur, quand on les porteroit
Que de tous ceulx que l'on me donneroit:
Si ce n'estoit que ie puis m'aduiser
Que les causeurs en pourroient deuiser:
Car ie les sens trop enclins à me mordre.
Oultre ce peü d'estre trop bien en ordre
Il uont disant que bien souuent sans bande
L'on me uoit seule en liberté trop grande
Et que sans uieille aller ie ne deburois

Pour mon hõneur en tous lieux ou ie uois.
O grands reſueurs ilz ne cognoiſſent pas
Que la uertu me conduict pas à pas:
Qui eſt ma uieille & ma ieune compaigne
Qui en tous lieux, en tous temps m'ac-
    compaigne,
Et que l'honneur touſiours deuant mes
    yeulx
Va le premier, & me guide trop mieulx
Le droict chemim de bien honneſte uie
Que ſi i'eſtoys de cent uieilles ſuyuie.
Mais cuidēt ilz que les gardes ſoigneuſes
Les preſchemens de uieilles enuieuſes,
Les groſſes tours, les menaſſes infames
Puiſſent garder la uolunté des femmes?
La femme doibt par ſa ſeule nature
Eſtre gardée, & non par priſon dure.
Enfermez la quelque part que uouldrez
d ij

Il est bien uray que le corps uous tien-
    drez:
Mais l'esperit en liberté uiura,
Et maulgré nous son naturel suyura,
Lequel s'il tend à Chasteté louable
La liberté le rend plus immuable.
Ny plus ny moins qu'ung cheual par na-
    ture
Fort à tenir, mal aisé d'embouchure
Quand on luy tient la bride trop subiecte
Plus ueult courir, plus se lance & se
    iecte,
Et ne scauriez de luy mieulx uous ayder
Qu'en liberté à plein mors le guider.
Ainsi est il de l'esperit uolaige
Qui deuiendra plus rebelle & sauluaige,
Quand par ung frein dur & insuppor-
    table

Le cuiderez rendre doulx & traictable.
Cela prouient qu'il est tout manifeste
La liberté estre present celeste,
Que dieu uoulut esgallement offrir
A tous uiuans, dont ne pouons souffrir
Qu'elle nous soit usurpée des hommes
Qui ne sont dieux, ny riens plus que nous
    sommes.
Car de tollir ce qu'ilz n'ont point donné
Seroit statut assez mal ordonné,
Plus procedant d'iniuste tyrannie
Que d'equité : Or doncques ie uous nie
Que l'on nous puisse ung erreur imputer
En tous les poinctz qu'on ma ueu dispu-
    ter.
Et penserois qu'ung doubte scrupuleux
Tant de causeurs que des maris ialeux
Ne uient d'ailleurs que d'une cognoissãce
d iij

De noſtre force, & de leur impuiſſance:
Scachans en nous tant de graces louables,
En eulx tant peu de qualitez aymables,
Que maintz ſeruans apres eſtre chaſſez
Hors de l'eſpoir de noz cueurs pour-
  chaſſez,
Leur grãde perte en gaing conuertiront,
Et pour couurir leur faulte mentiront,
Diſans auoir pour nous uituperer
Ce que iamais n'oſerent eſperer.
Et ou de nous ilz n'ont eu que tourment
Se uanteront d'auoir contentement.
Et maintz marys ſcachans qu'ilz ne me-
  ritent
Iouyr de l'heur que leurs femmes heri-
  tent
Bien cognoiſſans leurs imperfections,
Craindront ſi fort que les affections

Des seruiteurs aymables & honnestes
Facent sur eulx & sur elles conquestes,
Que cela ueult (non point aultre raison)
Plusieurs uouloir leur femme en leur
   maison.
Et s'il y a quelque honneste assemblée
Ilz la uouldront retirer à l'emblée
Par signes d'yeulx, par courroux ou me-
   nasses.
O gens qui n'ōt eu eulx ny sens ny graces
Ie me cōplainctz d'ung erreur de nature,
Puis qu'en faisant l'humaine creature
Elle uoulut nostre pouoir rauir,
Et à celluy des hommes l'asseruir.
Que ne feit elle au moins distinction
Entre le nice & la perfection:
En exceptant toutes dames honnestes
Du traictement des lourdaulx & des

beſtes.

Et leur donnant pluſtoſt commandement
Sur tous marys de gros entendement?
Car ie n'y uoy raiſon ny apparence
Que la uertu ſoit ſerue d'ignorance.
Le plus grand mal qui nous peult aduenir
(Dames ayez ces motz en ſouuenir)
C'eſt de tumber en la main & puiſſance
De ces facheulx, qui n'ont la cognoiſſance
Du traictemēt que nous debuõs attaindre
Pour nourrir paix, & le diuorce eſtain‑
    dre:
Auec lequelz liberté aſſeruie
Ne peult trouuer conformité de uie,
Et ce qu'auons d'excellent & parfaict
Perd enuers eulx ſon naturel effect:
Car la beaulté à tous aultres plaiſante
Auec telz gens ne nous eſt que nuyſante,

Veu que la grace & doulce courtoisie
Est en leurs cueurs source de ialousie.
Nostre doulceur n'a force ne uigueur
Pour amollir leur seuere rigueur.
Rien ne nous uault une raison rendue,
Elle n'est point des bestes entendue:
Qui nous uouldront imposer ung silence,
A tous propos user de uiolence,
Deffendre ieux, festins, tournois & dãces
Vng million de tortz & d'arrogances
Nous causera leur bestialité
Qui ne s'accorde à nostre humanité.
O loy pour nous trop austere & fa-
talle:
Mais ces gros ueaulx de nature brutalle,
Ou trouuent ilz que compaignie hanter
Face l'honneur des saiges absenter?
Et que pour pres des grands seigneurs

se ioindre
L'honnesteté des dames en soit moindre?
Ie leur demande ou sont en euidence
Vertu, Scauoir? ou sont ilz residence?
Esse dedans leurs rustiques maisons
Ou l'on n'apprét qu'a paistre les oisons?
Ou à nourrir en leur fascheux mesnaige
Quelque animal autant comme eulx saul-
uaige?
Certes ie scay par uraye experience
Que si Vertu & parfaicte Science
Sont decorans si bas quelques endroictz,
Que c'est autour des princes & des
Roys:
Ou bien heureuse est une nourriture
Qui scait pollir toute rude nature,
Ornant les corps de gestes & facons,
Et les espritz de prudentes lecons.

Vous me direz uous fascheux mesdisans
Que les deduictz estans la si plaisans,
Les priuaultez dont nous uoyez user
Pourroient en fin seduire & amuser
Vne ieunesse en nous trop uoluntaire:
Mais si uostre art est de poit ne se taire,
Et qu'on ne puisse aultre bien uous causer
Fors uous donner matiere de causer,
Ie uous feray ung compte qui suffit
Pour enrichir dix ans uostre proffit.
Ouurir uous ueulx chose à uous inco-
  gneue
Qui me peult estre'une foys aduenue,
Pour faire entendre à toutes nations
Qu'il y a plus de moderations
En tous noz faictz, qu'il n'y a de sottise
En uostre langue à mentir trop apprise.
Saincte Diane icy ie uous inuoque,

En proteſtant que ſi l'on me prouoque
Reciter cas à femme impertinent,
Que c'eſt pour rendre en lumiere emi-
    nent
Voſtre ſecret, qui me rend reſolue
Viure à iamais pudicque & impolue:
Et pour monſtrer par exemplaire indice
Que le uulgaire en ſa ſotte malice
Deuiſe plus de ce que moins entend,
Et moins eſt uray, plus il ſ'en ua uantant.
Ie diray donc pour le faire enraiger
(Sans mon hõneur toutesfois oultraiger)
Que quelque fois dedans mon liɛt cou-
    chée,
Vng ſuruenant maulgré moy ma touchée
En la partie en moy la plus parfaiɛte,
Au tetin ferme, ou la cuiſſe refaiɛte,
Quoy? i'oy deſia murmurer ce me ſemble

Vng faulx ſcrupule en uoz cueurs qui
  ſ'aſſemble,
Et uoz eſpritz qui me ſont eſcoutans,
Semblẽt de moy pour ung ſeul mot doub-
  tans.

Dames,ſeigneurs qui eſcoutez ce compte
Ne m'arguez perdre icy toute honte.
Le mien parler aulcun tort ne me faiſt,
Et de mon dire encores moins l'effeſt,
Eſperant bien prouuer par ma deffenſe
Que uoſtre erreur ſurmõte mon offenſe:
Car de Venus le Ceſtõ chaſte ⁊ ſainſt
N'eſt en cela maculé ny deſceinſt,
La priuaulté ne fut deſmeſurée.
Celuy qui eut telle audace aſſeurée
Veult tant l'honneur obſeruer ⁊ attain-
  dre
Qu'il n'euſt uoulu de rien ord me con-

traindre.
Et quand auſé il auroit aultrement
Il ne l'euſt peu ſans mon conſentement.
Dont contre luy moy de deffenſe armée
Suis doublement en ſon cueur eſtimée,
Pour auoir ueu en moy l'eſprit & corps
De beaulté chaſte unir les deux ac-
        cordz,
Et ſi l'on dict que le priué toucher
Faict pres du feu le tiſon approcher,
Ie reſpondray il y a ia long temps
Que ſi l'honneur ou touſiours ie pretẽds
N'euſt en moy deu faire plus de de-
        meure:
Vng que nommer ie ne ueulx pour ceſte
        heure
Par les effors de ſa langue diſerte,
Auroit pluſtoſt tiré gaing de ma perte,

Que par baisers, ny par approchemens,
Qui de la chair ne sont qu'atouchemens,
Laquelle est serue, & de soy ne s'adonne
A faire rien si l'esprit ne l'ordonne,
Il est bien uray que l'esprit empesché
Est en ce corps, qui n'est rien que peché:
Mais si a il par la grace diuine
Ce franc uouloir qui commande & do‑
     mine,
Et qui conduict par le mouuement sien
Ceste chair morte à faire mal ou bien:
Dont tant qu'il est à uertu resolu,
Le corps ne peult de uice estre polu.
Or si la uoix de l'ame l'instrument,
Qui tient du ciel & de son element,
Par la doulceur d'une eloquence forte
Rendre n'a peu ma uertu uiue morte:
Et si raisons qui gaignent les espritz

N'ayant le mien en seruitude pris:
Comment aura de ce faire pouoir
La chair qui n'a langue pour esmouuoir,
Qui ne tient rien que de la terre basse,
Gros element de uile & orde masse?
Pourtant ne ueulx par mes dictz uoz
    beaultez
(Dames) induire à telles priuaultez.
Toutes n'auez (peult estre) la constance
Si bien que moy, de faire resistance
Contre l'ardeur des flãmes amoureuses
Qui sont à uous, non à moy dangereuses.
Au grand hazard de telz dangers ex-
    tremes
Nul ne uous peult conseiller que uous mes-
    mes.
Mieulx ne pouez uoz forces asseurer
Que dedans uous uous mesmes mesurer,

Cognoissez bien uostre nature infuse
Ce qu'elle cherche, & ce qu'elle refuse,
Puis cognoissans uoz inclinations,
Guider pourrez toutes uoz actions
Aisément nous ayder & deffendre
Du bien qui sert, du mal qui peult offen-
    dre.

Rien ne me sert tant que la cognoissance
Que i'ay de moy, qui me donne puissance
De refrener toute enuie soubdaine,
D'endurer soif au pied d'une fontaine.
C'est celle la qui me scait faire aller
Par tout sans crainte, & franchement
    parler.

Il en ya qui font tant des sucrées,
Qui contrefont des Vestalles sacrées,
Tant qu'a parler à peine ouurent la bou-
    che,

f

Et si quelqu'ung du petit doigt les touche,
Vous iugerez à ueoir leur mine estrange
Qu'on a touché quelque precieulx ange.
Mais au dehors femmes si difficiles
Par le dedans ie les cuide faciles.
Et croy qu'a part autant sont uicieuses
Que deuant gens se monstrĕt precieuses:
Car pour couurir leur uolunté coulpable
Seuerité leur semble estre louable.
Or quant à moy ie ne fais point la fine,
L'ŏ me cognoist toute entiere à ma mine,
Facilement on ligt en mon uisaige
Que ce n'est qu'ung du cueur & du lan-
　　gaige.
Ie ne suis point difficile en deuis
A toutes gens ie leur dy mon aduis:
Et s'il me uient ung bon mot pout en rire
Ie le diray quoy qu'on en doibue dire,

Soit en public, ſoit en trouppe priuée,
Sans toutesfois eſtre point deriuée
En mes propos meuz de naifueté,
Qui n'ont en eulx rien de l'aſciuité.
I'ay dict comment aux deſpens & dom-
  maige
Des folz amans i'apprens à eſtre ſaige.
Ores ſera le plaiſir declairé
Qu'a le mien cueur de l'Amour ſeparé,
En n'eſtant point de mes ſeruiteurs ſerué
L'authorité ſus eulx ie me reſerue:
Et ne ſcaurois plus grand heur demãder
Qu'eſtre obeye, & touſiours commãder.
Durant ainſi de moy garde & tutrice
Ie me ſens royne ou quelque imperatrice,
Ayant ſus tous commandement & loy,
Faueur, puiſſance, & nul ne la ſus moy.
Diuers amans uiennent ung chaſcun iour

En quelque endroict que ie face seiour
Me presenter seruice, obeissance,
En m'asseurant qu'il n'est en la puissance
Du firmamēt garder qu'ilz ne demeurent
Mes seruiteurs iusques à ce qu'ilz meu-
    rent:
Et que plustost sera la mer sans unde,
Sans clarté ciel, sans fruict terre fe-
    cunde,
Que l'Amour soit non du tout desnuée:
Mais seulement de rien diminuée.
Si de durer l'asseurance ie nye
Ilz me feront une querimonie,
En m'appellant incredule & cruelle:
L'ung me dira que ie suis la plus belle
De tout le monde, & qu'en moy l'on
    peult ueoir
Combien Nature a de grace & pouoir

Ainſi me loue, & tantoſt il m'accuſe,
L'aultre ueult ſeul ce qu'a tous ie refuſe,
Et ueult donner trop moins qu'il ne de-
mande,
L'ung ſe cõplainct, l'aultre ſe recõmande,
L'ung eſt craintif, & me faict l'aſſeuré,
L'aultre eſt trop ſobre ou trop deſme-
ſuré,
L'ung de l'oeil pleure alors que le cueur
rit,
L'aultre eſt malade & ſoubdaĩ ſe guerit,
A tout cela il fault que ie reſponde:
Et ſi i'eſtois la plus triſte du monde
Tout auſſi toſt (mais que ie uueille ouyr)
Ie ne ſcaurois me garder d'eſiouyr:
Car en oyãt leurs plainctes & clameurs
Aulcunesfois de rire ie me meurs,
Pour le plaiſir de la diuerſité

f iĩ

Que va comptant leur faincte aduersité.
Tous les propos d'eulx à moy recitez
S'ilz ne sont urays, sont tant bien inuen-
    tez,
Que si n'estoys saige & bien aduertie,
Ie serois tost à leur loy conuertie.
Mais deuisons ung peu de l'equipaige
Des ieunes gens qui sortĕt hors de paige,
Bien aise suis ceulx cy ueoir adresser
A moy qui prens plaisir de les dresser.
Si i'en uoy ung qui n'ose à moy uenir,
Et qu'il desire honneste deuenir,
Ie uous l'appelle en donnant hardiesse
A sa craintifue inexperte ieunesse,
Et uous le metz en propos & en grace:
Mais il n'a pas si tost pres de moy place
Que i'appercoy Cupido se souillant
Dedãs son sang tĕdre, chault, & bouillãt.

Et ung sien cueur d'aymer non bië apris,
En ung instant ie le ueoy tant espris,
Que l'on diroit ueu l'ardeur tresextreme
Qu'il est tout mien, & non plus à luy
    mesme:
Et qu'il ne reste à l'heure comme il semble
Qu'auoir ung prebstre & nous lier en
    semble.
Mais ie suis seure, & n'en suis point de-
    ceue
Qu'en ung momët toute flamme conceue
Deuient fumée es ieunes amoureulx:
Car soubdain naist, & soubdain meurt
    en eulx
Tout appetit, ainsi que feu de paille.
Ne cuidez pas qu'aussi guiere il m'en
    chaille,
Ce n'est pas la que ma felicité

Se constitue eternelle cité.
Le plus grand fruict que de ce i'en attens
C'est m'en esbatre & en passer le temps.
Et moyennant tel plaisant exercice
Garder l'esprit de succumber à uice.
Ieunes & uieulx, petitz, grãds, & menuz,
En mon endroict sont tous les biẽ uenuz,
En ung chascun qui m'entretenir ose.
Sans aymer tout, i'ayme bien quelque
    chose:
I'ayme de l'ung une grace bien bonne,
Doulce, aggreable, & qui poït ne s'estõne,
De l'aultre i'ayme une langue mectable,
Vng parler prõpt, facond, & delectable,
Beaulté me plaist ou qu'elle soit choysie
Là la doulceur, icy la courtoysie,
Chascun de moy en effect est loué
Selon qu'il est par nature doué.

Iusques aux sotz leur sottise m'agrée,
Et auec eulx par fois ie me recrée.
Si c'est Amour que d'aymer tout cela,
I'en ayme plus de mille ca & la:
Mais le plaisir d'aymer ainsi, perit
A mon aureille, à l'oeil, à l'esperit,
Sans cueur ny corps au dedans tour=
    menter.
O bien heureux qui se peult contenter
De telle Amour. Mes dames ie me doubte
Que l'on attend, & que chascun escoute
De moy la fin ou ie pretend uenir:
Ie ne ueulx point en longueur uous tenir
Ie le diray, mais qu'ung peu on se taise,
Et m'escouter encores il uous plaise.
Ce qui me rend (à tous faisant grand
    chere)
En dictz prodigue, & aux effectz

treschere,
C'est pour sembler à la lyonne saige,
Qui par coustume & naturel usaige
Le grãd trouppeau des bestes enuironne,
Pour en tirer de toutes une bonne.
Ou faire ainsi que l'Espreuier rusé
Au circuit d'Estourneaulx amusé,
Qui tant les suyt & tant les enueloppe
Qu'il en prend ung des meilleurs de la
    trouppe.
Tout ainsi moy ie ne suis pas si beste
Qu'en me iouant & faisant à tous feste
Ie ne regarde à qui plus me tenir,
Pour me poururoir au tẽps de l'aduenir:
Bien cognoißant que le temps est mobile,
Faueur muable & ieuneße debile
Et que beaulté ne peult tousiours durer.
Contre ce doubte il me fault asseurer,

Mon asseurance est le seul mariaige,
Qui est le but ou toute femme saige
Doibt pour son bien de bon heure uiser:
C'est ung grand mal ung fascheux es-
    pouser,
Comme i'ay dict (filles) au parauant:
Et grand plaisir d'auoir mary scauant,
Honneste, saige, & plein de bonne grace.
Mais s'il falloit qu'ung sot de bonne ra-
    ce,
Riche de biens & pauure de scauoir,
Me demandast & me uoulsist auoir
Et nul espoir ne m'estoit departy
De recouurer plus apparent party:
D'aduis serois que plustost on le prit
Qu'ung plus scauant qui n'a rien que
    l'esprit:
Car il n'ya chose si miserable

g ij

Que pauureté, c'est ung mal incurable,
Qui n'a malheur ſi grãd que prouoquer
Les gens à rire, & de ſoy ſe moquer.
I'aymerois bien reſſembler celles la
Qui d'ung deſir de toſt faire cela,
N'eſtimeront le tour infame & laid
Se marier à leur propre uallet.
Ou quelque folle au riche preferant
L'honneſte amy, qui ſon pain ua querant:
Et puis apres il fault uiure d'amours,
Ou bien apprendre à paſſer les longs
    iours
En peine extreme & langoureuſe uie.
De tel malheur ie n'en ay point d'enuie:
Car eſtant la plus froide ie ferois
Que n'eſt Venus ſãs Bacchus & Ceres.
Quant à mary ie reſoulz donc ce poinct
De l'auoir riche, ou de n'en auoir point,

Bien qu'il ſoit crud, & que ſes meurs
   peruerſes
Dont tout ie ſente eſtre aux miennes di-
   uerſes:
Si ay ie eſpoir toutesfois le reduire,
Et peu à peu iuſques la le conduire,
Que ſ'il eſt lourd aſſez me ſens ſubtille
Pour le changer en peu de temps habille.
S'il eſt haultain, cruel, audacieux,
Ma doulceur peult le rendre gracieux.
L'on dompte bien les cheuaulx effrenez
Les fiers lyons quand il ſont gouuernez,
Par artifice aiſément ſ'appriuoiſent,
Sans faire mal en tous lieux ou qu'ilz
   uoiſent.
Doncques au pris pourquoy n'eſt il fa-
   cile
Domeſtiquer l'homme trop plus docile,
g iij

Que l'Animal, lequel nulle saison
Ne loge en soy comme luy la raison?
Car ou raison dresse son habitacle
Facilement on peult rompre l'obstacle
De tout erreur qui cache sa lumiere,
Pour la remettre en sa clarté premiere.
Premierement ie mettray mon estude
Et emploiray peine & solicitude
De le gaigner si bien qu'il m'aymera.
Or en m'aymant si bien imprimera
En son esprit de rien ne me dedire,
Qu'il est aisé de le pouoir induire
Facilement & faire condescendre
A tous partis que ie uouldray preten-
    dre.
Mais s'il estoit de soy si difficile
Que sa nature austere & imbecille,
Par amytié ne peust estre traictable,

Ny par moyẽs quelcõques accoinctable,
Et que ie ueiſſe en moy l'experience
De ma bonté enuers l'impatience
De ſa malice auoir nulle uigueur,
Ains que touſiours une ſienne rigueur
Me tourmentaſt ſans cauſe ny raiſon,
Comme ſeruante en la ſienne maiſon,
Helas mon dieu que pourrois ie lors
    faire?
Comme ſcauroit ung eſprit ſatisfaire
A tel malheur, autant pernicieux
Qu'il en ſoit point deſſoubz tous les neuf
    cieulx?
Hymen, Iuno, uous dieux de mariaige
Deſtournez moy ce ſineſtre preſaige:
Et ſi le ciel ou demeure uous faictes
M'a concedé quelques graces parfaictes,
Ne permettez qu'elles ſoient demolies

Par chant lugubre & tristes omelies.
Car si de uous i'estoys tant oubliée,
Que maulgré moy ie me ueisse lyée
En prison telle, ou mes plainctes fune-
  bres
N'espereroient lumiere à leurs tenebres
Vng seul moyen me reste en tel malheur
Qui ne uault guiere & si est le meilleur.
Mais quoy que dy ie? Et ou suis ie rauie?
Doibs ie esperer telle peste à ma uie?
Ie ne la ueulx ny penser ny preuoir,
Ny de tel mal au remede pourueoir:
En debatant comme on se peult distraire.
Ie m'en tairay pour parler du contraire
Tant ie me fie en la bonté haultaine
Que d'auoir mieulx ie suis toute cer-
  taine.
Les dieux ne m'ont de grace tant douée

Tant que le ciel les ayt en soy repris:
Auquel seiour il les esleuera,
Et mieulx que l'aultre à l'heure uollera,
Pour lassus prendre eternelle louange,
Ou sera dict d'honneste amytié lange.
O bien heureuse, O uraye Amour fu-
    ture,

Que ie preuoy certaine en mon augure,
Puis que desia ie la cognois presente
A celle fin que plus d'aise ie sente
A bien gouster les plaisirs qu'elle donne
Pour le penser le dire, i'abandonne.

Fin de l'Amie de Court.

A L'VNG DE SES AMYS.

AMy pourquoy me ueulx tu tant re-
    prendre?
    Que ne debuois si soubdain femme
prendre,
Ne me faiz plus la guerre, ie te dis
Que ie l'ay faict pour auoir paradis:
Et ne scauois faire ung meilleur ouuraige
Pour mon salut qu'entrer en mariaige:
Car tous marys sont d'ung cas soucieux
Qui me rend seur d'aller iusques au
    cieulx.
Le grãd hazard d'estre coquu les fasche,
Si ie le suis, & que point ne le scache,
Innocent suis. Or tous les innocens
Seront sauluez y en eust il cinq cens.
Si maulgré moy ie puis ueoir & sentir

Que l'on me faict coquu, ie suis martir.
Les bons martirs yrõt laſſus tout droict,
Ie ne doibs donc rien craindre en ceſt
   endroict.
Et ſi ie prens femme ſaige & honneſte,
Bien heureux ſuis de ſi rare conqueſte.
Les biē heureux (ſi l'õ croit l'eſcripture)
Iront en gloire, & moy donc par droi-
   cture.
Regarde donc ſi ie ne ſuis pas ſaige
D'auoir au ciel aſſigné mon partaige.
Que fuſſes tu pour le bien qu'il m'en ſem-
   ble.
Bien marié & coquu tout enſemble.

h iij

ENIGME.

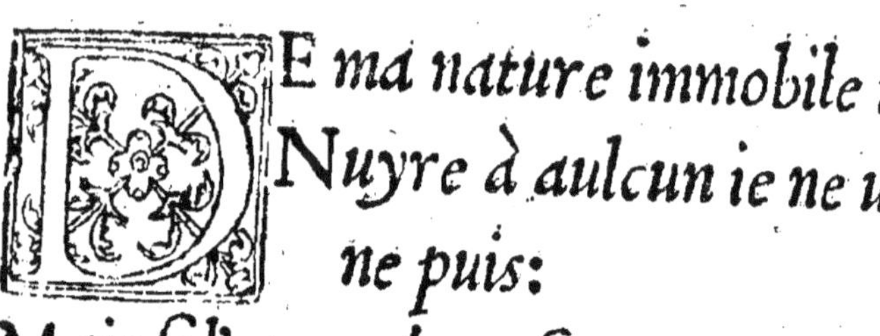

E ma nature immobile ie ſuis
Nuyre à aulcun ie ne ueulx &
ne puis:
Mais ſi l'on ueult en frappant m'aſſaillir
L'on me uerra ſur les maiſons ſallir,
Hommes heurter, prendre forces nou-
uelles,
Sans piedz ſaulter, meſme uoller ſans
ælles,
Fuſſeut ilz cent contre moy amaſſez
Ie les uous rends tous uaincus & laſſez:
Car plus de coups ie ſens parmy ung
trouble
Plus ſuis diſpos, plus ma force redouble,
Craignant trop plus les maulx de l'ad-
uenir

www.ingramcontent.com/pod-product-compliance
Lightning Source LLC
LaVergne TN
LVHW021803170726
843503LV00007B/3004